DAS GROSSE KATZEN QUIZ

ÜBER **150** FRAGEN ZU DEN LIEBEVOLLEN SAMTPFOTEN

moses.

moses. Verlag GmbH
Arnoldstraße 13d
47906 Kempen
Fon 02152-209850
Fax 02152-209860
Mail: info@moses-verlag.de
www.moses-verlag.de

ISBN: 978-3-96455-341-6

Autorin: Anita van Saan
Layout, Satz & Typographie: Silke Klemt
Lektorat: Christian Wöllecke
Herstellung: Nicole Bienia
Redaktion: Riccardo Rip

Printed in China

Bildnachweise:
Box: Vorderseite: © AdobeStock.com: Aliaksei Lasevich; Rückseite: © AdobeStock.com: sarayut_say (links); kathomenden (rechts)
Karten: © AdobeStock.com: Veta (Karte 1); Akkharat J. (Karte 2); Elinswelt (Karte 3, oben); Christine (Karte 3, unten); Photocreo Bednarek (Karte 4); sarayut_sy (Karte 5); Nadine Haase (Karte 6); Sangur (Karte 7); XYZABC (Karte 8); Karlos Lomsky (Karte 9); Pixel-Shot (Karte 10); Designpics (Karte 11); mariesacha (Karte 12); Zvvet (Karte 14); Wolfgang Kuck (Karte 16); EwaStudio (Karte 17); Morphart (Karte 18); benny-marty (Karte 19); kathomenden (Karte 20); Elles Rijsdijk (Karte 21); cynoclub (Karte 22); Patrizia Tilly (Karte 24); Aerial Film Studio (Karte 25); chendongshan (Karte 26); pusteflower9024 (Karte 27); Marek (Karte 28); mark_gusev (Karte 29); Marina Demidiuk (Karte 30); Tony Campbell (Karte 32); DoraZett (Karte 33, 63); Astrid Gast (Karte 34); DenisNata (Karte 35, 41); denisval (Karte 36); FurryFritz (Karte 37, 66); bozhdb (Karte 38); sonyachny (Karte 39); Axel Bueckert (Karte 40); dionoanomalia (Karte 42); karandaev (Karte 43); Eric Isselée (Karte 44, 47, 48); marofotodesign (Karte 45); grafikplusfoto (Karte 46); CALLALLOO CANDCY (Karte 49); Inna Vlasova (Karte 51); Kirill Vorobyev (Karte 52); varbenov (Karte 53); wip-studio (Karte 54, 69); gitusik (Karte 55); Vera Aksionava (Karte 56); Petra Richli (Karte 57); Thinapob (Karte 58); Marinaks (Karte 59); rynaonair (Karte 60); Kristin Gründler (Karte 62); xavier gallego morel (Karte 64); Vice and Virtue (Karte 67); Sofiia (Karte 71); Kate Garyuk (Karte 72); 秀起 佐々木 (Karte 73); Oliver (Karte 74); Hendrik (Karte 75); Germanova Antonina (Karte 76); Morphart Creation (Karte 77); askaja (Karte 78); Mirror-images (Karte 79); rook76 (Karte 80); Анастасия Бурлакова (Karte 81); mashe (Karte 83); Nig3la (Karte 84); SlothAstronaut (Karte 85); Atarashi YO (Karte 86); SerPhoto (Karte 87); Nekrasov (Karte 88); Zach (Karte 90); Brian (Karte 91); unorobus (Karte 92); Christoph Walter (Karte 93); Ralf (Karte 95); Diane McDonald (Karte 99)
© Shutterstock.com: Be Seen and Bloom (Karte 13); Vyacheslav Makaryev (Karte 15); Emeraldid (Karte 23); Andrey_Kuzmin (Karte 31); Reshetnikov_art (Karte 50); B2B ART (Karte 61); Sergey Zaykov (Karte 65); Ilia Rozhnov (Karte 68) Nils Jacobi (Karte 70); kojoku (Karte 82); Pawparazzi88 (Karte 89); Cherry-Merry (Karte 94); I T S (Karte 96); Featureflash Photo Agency (Karte 97, 98); Marina Demidiuk (Karte 100)

Wer oder was ist eigentlich mit dem Begriff „Katzen" gemeint? Welche Gattungen zählen zu den Katzen? Und sind alle Katzen wirklich Raubtiere – auch dieses süße Katzenbaby?

Ja, alle Vertreter der Familie Katzen (Felidae) sind Raubtiere bzw. Fleischfresser, die Hauskatze ebenso wie Großkatzen (z. B. Löwen oder Tiger). Biologen unterscheiden bei der Klassifizierung einer Art mehrere Rangstufen (Taxa). Katzen gehören folgenden Gruppen an:

Unterstamm:	Vertebrata (Wirbeltiere)
Klasse:	Mammalia (Säugetiere)
Ordnung:	Carnivora (Raubtiere)
Unterordnung:	Feliformia (Katzenartige)
Familie:	Felidae (Katzen)

Innerhalb der Familie Felidae unterscheidet man mehrere Katzengattungen und -arten:

Gattung Panthera: Arten: z. B. Löwe (*Panthera leo*), Tiger (*Panthera tigris*), Leopard (*Panthera pardus*), Jaguar (*Panthera onca*)

Gattung Felis: Arten: z. B. Falbkatze (*Felis lybica*), Wildkatze (*Felis silvestris*), Hauskatze (*Felis catus*)

Gattung Acinonyx: Art: Gepard (*Acinonyx jubatus*)

Gattung Lynx: Arten: z. B. Kanadischer Luchs (*Lynx canadensis*), Rotluchs (*Lynx rufus*)

Gattung Puma: Arten: z. B. Nordamerikanischer Puma (*Puma concolor*), auch als Berglöwe oder Silberlöwe bekannt

Die Welt der Katzen

Katzen gelten als die beliebtesten Haustiere weltweit und haben die Herzen vieler Menschen erobert. Warum das so ist, wollen wir mit diesem Quiz erkunden. Beim Spielen und Rätseln versorgen wir Sie mit spannenden Infos rund um das Leben der Katze, und natürlich lernen Sie auch die schönsten Rassekatzen kennen.
Mit ihrem Charme und ihrer Eleganz haben die Samtpfoten zahlreiche Künstler, Schriftsteller, Maler und Musiker beeindruckt und inspiriert. Freuen Sie sich auf die Begegnung mit weltberühmten Miezen, Katzenfreunden und erfolgreichen Cat-Fluencern!
Doch auch die düstere Seite und den ökologischen Fußabdruck der Stubentiger wollen wir Ihnen nicht vorenthalten, ebenso wenig die Vorurteile, die so mancher Hundefreund und Katzenhater gegenüber den Sofapumas hegt, meist ohne sie wirklich zu kennen.

Neugierig geworden? Super! Sie verfügen bereits über überdurchschnittliches Katzenwissen? Auch gut, dann stellen Sie Ihre Kenntnisse doch jetzt gleich unter Beweis!

Das Katzen Quiz

Dieses Quiz kann jede(r) für sich allein rätseln und dabei sein Katzenwissen testen, zu Hause im stillen Kämmerlein, draußen auf einer Parkbank, im Hotelzimmer, Zug oder Flugzeug. Natürlich kann man auch gemeinsam raten und die besten Antworten auf die gestellten Fragen finden. Oft macht es in geselliger Runde besonders viel Spaß – gern auch in Anwesenheit eines Samtpfötchens.

Die Themengebiete sind so weitläufig wie die faszinierende Welt unserer geliebten Stubentiger. Von der Geschichte und Abstammung der Hauskatze, über die bekanntesten Katzenrassen von der Perser Katze bis hin zur Maine Coon. Katzenliebhaber*innen kommen garantiert auf ihre Kosten und finden hier viel Wissenswertes, Kurioses und Faszinierendes über ihr liebstes Haustier.

Viel Spaß beim Raten, Quizzen und Wissensammeln!

Wie heißt die prähistorische „Urkatze“, von der die heutigen Feliden abstammen? Wann lebte sie? Ist der hier dargestellte Säbelzahntiger mit ihr verwandt?

A *Cattulurus*
B *Proailurus*
C *Felilurus*
D *Smilodon*

B ist richtig. Die prähistorische „Urkatze“ heißt ***Proailurus*.** Sie lebte vor etwa 25 bis 20 Millionen Jahren. Sie hatte die Größe einer Hauskatze, aber längere Beine, die auf eine baumbewohnende Lebensweise hindeuten. Ihre Zähne waren noch nicht so hoch spezialisiert auf Fleischkonsum wie das Gebiss der heutigen Katzen.

Aus *Proailurus* entwickelte sich die Gattung ***Pseudaelurus*,** die vor etwa 20 bis 10 Millionen Jahren lebte. Aus *Pseudaelurus* entwickelten sich dann im Laufe der Zeit verschiedene Katzenlinien, darunter die heutigen Großkatzen, Kleinkatzen und die bereits vor etwa 10.000 Jahren ausgestorbenen Säbelzahnkatzen, zu denen auch der Säbelzahntiger gehört.

Unterscheiden sich die Vertreter der Felidae (Katzenartige) und der Canidae (Hundeartige) anatomisch und im Verhalten? Welcher der hier abgebildeten Pfotenabdrücke (auch Trittsiegel genannt) stammt von einer Katze, welcher von einem Hund?

Hauptunterschiede zwischen Hunden und Katzen:

	Felidae (Katzenartige)	**Canidae (Hundeartige)**
Sozialverhalten	sind meist Einzelgänger mit solitärem Verhalten, Hierarchien wenig ausgeprägt	leben oft in Rudeln mit ausgeprägter Hierarchie
Krallen	einziehbar	nicht einziehbar
Schnurrhaare	vorhanden, sehr empfindlich	Tasthaare, die nicht so empfindlich sind
Jagd	meist Einzeljagd	häufig Jagd in Gruppen
Ernährung	reine Fleischfresser	können außer Fleisch zur Not auch pflanzliche Lebensmittel fressen

A zeigt den Abdruck eines Hundes, B den einer Katze. Katzen hinterlassen durch ihre einziehbaren Krallen keine bzw. allenfalls schwache Kralleneindrücke, während bei Hunden die Krallen im Trittsiegel meist sichtbar sind. Neben den Sohlenballen erkennt man im Trittsiegel der Katze den Abdruck der vier Zehen. Die Vorderpfote hat fünf Zehen, die erste Zehe ist aber im Trittsiegel nicht sichtbar. Die Hinterpfote ist nur mit vier Zehen besetzt.

Welche Funktion haben die Schnurrhaare bei Katzen?

A Tastorgan zur Orientierung im Dunkeln und in engen Räumen
B Verstärkung des Schnurrgeräuschs
C Geruchswahrnehmung

A ist richtig. Alle Vertreter der Familie Felidae (Katzen) besitzen Schnurrhaare, Vibrissen genannt. Es handelt sich dabei um meist in kleinen Gruppen stehende weiße Haare, die ständig nachwachsen und um das 3- bis 4-fache dicker als normale Körperhaare sind. Sie sind in einem speziellen Haarbalg (Follikel) tief in der Haut verankert. An der Basis jeden Vibrissen-Follikels befindet sich eine blutgefüllte Sinuskapsel (Blutsinus). Wird ein Schnurrhaar berührt, biegt es sich und bewegt das Blut in der Kapsel zur Seite. Das Blut verstärkt die Bewegung, sodass selbst winzige Berührungsreize oder Luftströmungen erfasst und an das Gehirn übertragen werden.
Bei Katzen sitzen die Vibrissen vor allem im Gesichtsbereich neben der Nase, oft auch oberhalb der Oberlippe, an den Wangen und oberhalb der Augen. Sie fungieren als hochsensible Tastorgane, die dabei helfen, die Umgebung wahrzunehmen, sich im Dunkeln oder in engen Räumen zu orientieren, Entfernungen abzuschätzen und Beutetiere zu lokalisieren.

Am Geräusch des Schnurrens, das vor allem für kleinere Katzenarten wie die Hauskatze typisch ist, sind die Schnurrhaare **nicht** beteiligt. Auch mit der Geruchswahrnehmung haben sie nichts zu tun.

Warum können Katzen nachts so gut sehen? Und warum leuchten Katzenaugen im Dunkeln?

Katzen jagen ihre Beutetiere meist in der Dämmerung und nachts. Ihre Augen sind daher an die Dunkelheit hervorragend angepasst. Sie können ihre Pupillen stärker erweitern als Menschen, außerdem besitzen sie in der Netzhaut besonders viele Stäbchen, die auf schwaches Licht reagieren und für das Hell-Dunkel-Sehen wichtig sind.
Eine entscheidende Rolle bei der Orientierung in der Nacht spielt eine reflektierende Schicht hinter der Netzhaut, das sogenannte **Tapetum lucidum**. Wenn schwaches Licht in der Dunkelheit auf die Fotorezeptoren der Netzhaut und von dort zum Tapetum lucidum gelangt, wird es dort reflektiert und fällt nun erneut auf die Fotorezeptoren der Netzhaut. Auf diese Weise wird die Lichtausbeute im Auge erhöht und die Sehfähigkeit im Dunkeln verbessert. Das reflektierte Licht gibt den Augen ein leuchtendes Aussehen, wenn sie bei Dunkelheit z. B. von einer Taschenlampe angestrahlt werden.

Was passiert, wenn eine Katze wie auf diesem Bild flehmt? Welches Organ wird dabei gereizt und wo liegt es?

Beim **Flehmen** öffnet die Katze ihr Maul leicht, hebt die Oberlippe an, streckt die Zunge heraus und zieht die Nase nach oben. Duftstoffe gelangen nun über die Nasenlöcher in die Nasenhöhle. Ein Teil der Luft strömt vom Nasenraum zum **Jacobson'schen Organ** (Vomeronasalorgan). Die Riechzellen dort nehmen Pheromone und andere Duftstoffe wahr. Die Informationen werden nun über Nervenzellen zum Gehirn weitergeleitet. Das Jacobson'sche Organ kommt bei vielen Tieren vor. Es liegt im oberen Gaumen, hinter den Schneidezähnen, und ist mit der Nasenhöhle durch zwei kleine Kanäle verbunden. Das Organ selbst besteht aus zwei schlauchförmigen Einbuchtungen, die mit einer speziellen Riechschleimhaut ausgekleidet sind. Diese Einbuchtungen sind normalerweise geschlossen, aber wenn die Katze flehmt, öffnet sie sie, um Duftstoffe mit der Zunge aufzunehmen. Durch die Wahrnehmung der Duftstoffe kann die Katze paarungsbereite Partner, mit Urin markierte Territorien und andere soziale Signale wahrnehmen.

In Europa leben auch außerhalb der Zoos (Groß-)Katzenarten. Welche der nachfolgend aufgezählten Arten sind das? Welche Art ist in Deutschland am häufigsten?

A Wildkatze (*Felis silvestris silvestris*)
B Luchs (*Lynx lynx*)
C Gepard (*Acinonyx jubatus*)
D Jaguar (*Panthera onca*)
E Pardelluchs (*Lynx pardinus*)
F Puma (*Puma concolor*)

Richtig sind A, B und E. Am häufigsten in Deutschland ist die 47 bis 68 cm lange **Europäische Wildkatze** (*Felis silvestris, siehe Foto*). Sie lebt in strukturreichen Laub- und Mischwäldern mit altem Baumbestand, geeigneten Versteckmöglichkeiten (tagsüber) und offenen Flächen für die Jagd.

Kommt der **Eurasische Luchs** auch in Deutschland vor? Falls ja, wo?

Ja, der **Eurasische Luchs** (*Lynx lynx*) lebt auch in Deutschland. Er besiedelt große Waldgebiete, vor allem Nadel- und Mischwälder mit altem Baumbestand und Rückzugsbereichen.
Tagsüber versteckt er sich in Felshöhlen oder hohlen Bäumen, nachts jagt er Rehböcke, Rothirschkälber oder Hasen, aber auch Wildschweine, Dachse, Marder oder Vögel. Die Paarungszeit liegt im Januar und Februar. Nach einer Tragzeit von ca. 63 Tagen bringt das Weibchen 1 bis 4 Junge zur Welt. Die Jungtiere bleiben nach der Geburt bis zu 10 Monate bei der Mutter. Männchen werden 80 bis 110 cm, Weibchen 65 bis 95 cm lang.
Angriffe auf Menschen sind äußerst selten. Allenfalls kranke Tiere und Luchsmütter mit Jungtieren können gelegentlich auch aggressiv werden.
Kleine Luchs-Populationen gibt es im Bayerischen Wald, Thüringer Wald, Schwarzwald, Harz, Pfälzerwald und in der Eifel. Der Gesamtbestand umfasst ca. 200 Tiere.

Wo in Europa lebt der **Pardelluchs** (*Lynx pardinus*)?

Der 68 bis 82 cm lange **Pardelluchs** (*Lynx pardinus*), auch Iberischer Luchs genannt, kommt nur in Spanien und Portugal vor. Er besiedelt mediterrane Wald- und Buschlandschaften mit Rückzugsorten (Unterholz, Baumhöhlen) und Sonnplätzen (Felshänge).

Tagsüber ruht er sich in einem Versteck aus, nachts geht er auf Jagd. Seine Hauptbeutetiere sind Wildkaninchen, aber auch Mäuse, Ratten, Vögel und Reptilien verschmäht er nicht.

Als Beutegreifer spielt er eine wichtige Rolle für das Gleichgewicht des Ökosystems, denn er sorgt dafür, dass sich seine Beutetiere nicht zu stark vermehren.

Der Erhalt des streng geschützten Pardelluchses ist nicht nur wichtig für die Art selbst, sondern auch für die Vielfalt und Gesundheit mediterraner Wald- und Buschlandschaften.

Wann ist der Internationale Tag der Katze?
Wozu dient er?

Der **Internationale Tag der Katze** findet jedes Jahr am **8. August** statt. Er soll auf die Bedrohung gefährdeter Wildkatzenarten durch Lebensraumverlust, Jagd und Wilderei aufmerksam machen. Gefeiert wird an diesem Tag auch die Hauskatze. Tierschutzorganisationen informieren an Infoständen oder im Internet über Katzenhaltung und die Problematik von herrenlosen und misshandelten Katzen. Oft wird gleichzeitig Geld für Tierheime und Katzenschutzprojekte gesammelt.

Wie heißt diese Katzenart, von der unsere Hauskatze abstammt? Wo lebt sie und wann und wo begann ihre Domestizierung?

Dargestellt ist die **Falbkatze** (*Felis lybica lybica = Felis silvestris lybica*), die heute noch in Nordafrika und im Nahen Osten als Wildtier lebt. Sie gilt als die Stammform der Hauskatze (*Felis catus*). Genetische Untersuchungen konnten belegen, dass das Erbgut der Hauskatze größere Übereinstimmungen mit dem der Falbkatze aufweist als mit dem der Europäischen Wildkatze (*Felis silvestris*), die seit ca. 2 Millionen Jahren durchgängig in Europa heimisch ist.
Die Domestizierung der Falbkatze begann vermutlich vor ungefähr 14.000 Jahren, als die Menschen sesshaft wurden und anfingen, Ackerbau zu betreiben und Vorräte anzulegen. Die Abfälle, die die Bauern hinterließen, lockten verschiedene Wildtiere an, darunter auch Falbkatzen. Als Speicher entstanden, in denen Getreidevorräte aufbewahrt wurden, kam es zu einer Massenvermehrung von Mäusen. Katzen jagten die Mäuse und hielten sie von den Vorräten fern.
Dank ihrer Rolle als Schädlingsbekämpfer entwickelte sich die Falbkatze zum hochgeschätzten Haustier.

Welche kulturelle Bedeutung hatte die Hauskatze im antiken Ägypten?

Katzen hatten eine hohe kulturelle Bedeutung im alten Ägypten. Sie wurden als heilige Tiere betrachtet, die den Menschen Schutz und Glück brachten. Adelige hielten sie als Rattenfänger in der Nähe von Getreidespeichern. Katzen genossen sogar rechtlichen Schutz, denn es gab strenge Strafen für Personen, die Katzen Schaden zufügten oder töteten.
Die hohe Wertschätzung und Verehrung in der Gesellschaft spiegelt sich in der Kunst, in Skulpturen und in religiösen Texten wider. Nach ihrem Tod wurden die Katzen oft mumifiziert und in heiligen Stätten bestattet. Es gibt zahlreiche archäologische Funde von Katzenfriedhöfen, wo Tausende von mumifizierten Katzen als Opfergaben für die Götter gefunden wurden.

Stammen die ältesten archäologischen Funde, die ein enges Verhältnis zwischen Mensch und Katze belegen, aus Syrien, Frankreich, Griechenland oder Zypern?

Auf Zypern im neolithischen Dorf Shillourokambos wurde das 7500 Jahre alte Grab eines Mannes gefunden, in dem neben der menschlichen Leiche eine Katze begraben war.
Dieser Fund deutet darauf hin, dass schon damals Katzen mit Menschen eng zusammenlebten und als Haustiere sehr geschätzt waren.
Vor allem reiche Ägypter hielten Katzen als Haustiere und nahmen diese nicht selten mit ins Grab. Archäologen haben inzwischen Dutzende von Katzenmumien in ägyptischen Grabkammern entdeckt.

Wie heißt die hier dargestellte ägyptische Göttin? Was soll sie symbolisieren?

Dargestellt ist **Bastet**, die antike ägyptische Göttin der Heimstätte, der Fruchtbarkeit und der Geburt. Sie wurde oft als Frau mit dem Kopf einer Löwin oder einer Hauskatze dargestellt, galt als Beschützerin der Menschen vor bösen Geistern oder Krankheiten und war damit auch ein Glückssymbol.
Die Stadt Bubastis, im heutigen Zagazig im östlichen Nildelta gelegen, war ein wichtiges religiöses Kultzentrum der Bastet. Bei archäologischen Ausgrabungen wurden hier zahlreiche Statuen und Reliefs entdeckt. Die ältesten Darstellungen von Bastet stammen aus der Zeit zwischen 2686 und 2181 v. Chr.

Warum und auf welchen Wegen breitete sich die Hauskatze (*Felis catus*) auf der ganzen Welt aus?

Vom Nahen Osten aus breiteten sich ägyptische Hauskatzen entlang der Handelsrouten aus. Seefahrer nahmen sie als Rattenfänger auf ihren Schiffen mit. Im Ausland waren die domestizierten Katzen aus Ägypten begehrt und wurden oft als diplomatische Geschenke genutzt.
Im Mittelalter wurden Katzenfelle auch im Pelzhandel verkauft, was zur weiteren Verbreitung der Tiere beitrug.
Dank ihrer Anpassungsfähigkeit, Unabhängigkeit und hohen Vermehrungsrate konnten Hauskatzen in fast allen Teilen der Welt Fuß fassen. Ihre Unabhängigkeit, ihre Beliebtheit und ihre Nützlichkeit als Schädlingsbekämpfer ermöglichten es ihnen, sich weltweit in unterschiedlichsten Umgebungen zu behaupten.

Welche in Europa lebende Katzenart hat ein grau-gelbliches Fell mit klar abgegrenzten Streifen und Punkten, große spitzige Ohren und einen dicken, buschigen Schwanz mit schwarzen Ringen und schwarzer Spitze?

A Falbkatze (*Felis lybica lybica*)
B Europäische Wildkatze (*Felis silvestris*)
C Hauskatze (*Felis catus*)

B ist richtig, die genannten Merkmale treffen auf die Wildkatze (*Felis silvestris*) zu.

Können sich Falb-, Wild- und Hauskatze miteinander paaren so wie diese beiden Hauskatzen?

Die Falbkatze (*Felis lybica*), die Europäische Wildkatze (*Felis silvestris*) und die Hauskatze (*Felis catus*) sind drei eigenständige Katzenarten. Aufgrund ihrer engen Verwandtschaft und genetischer Übereinstimmungen können sie sich dennoch untereinander paaren und fruchtbare Nachkommen erzeugen.
Aufgrund von Verhaltensunterschieden und geografischen Trennungen kommen solche Paarungen in der Natur jedoch nicht sehr häufig vor.

In Nordeuropa galten Katzen in der frühen Wikingerzeit als wertvolle Haustiere und Schädlingsbekämpfer. In der nordischen Mythologie spielten sie ebenfalls eine wichtige Rolle und wurden oft mit Magie, Göttern und dem Jenseits in Verbindung gebracht. Nennen Sie bitte den Namen einer nordischen Gottheit der Wikingerzeit und den ihrer Katzen!

Freyja, die Göttin der Liebe, Schönheit und Fruchtbarkeit, war eine der wichtigsten Gottheiten in der Wikingerzeit. Sie besaß mehrere Katzen, die ihren Wagen zogen. Ihre Namen lauteten **Bylgja** („Wütende“) und **Hetja** („Hassende“).

In welcher Religion werden Katzen ganz besonders geschätzt?

A im Buddhismus
B im Christentum
C im Islam
D im Hinduismus

Richtig ist C. Im **Islam** gelten Katzen als „reine Tiere". Im Gegensatz zu Hunden, die als unrein betrachtet werden, dürfen Katzen Moscheen betreten und sogar auf Gebetsteppichen liegen. Der Prophet Mohammed soll seine Katzen stets mit Respekt behandelt und ihnen gegenüber große Zuneigung gezeigt haben.

Züchteten die Ägypter bereits in der Antike Katzen? Und warum sind Hauskatzen in ihrer Fellfärbung so vielfältig?

In der Antike wurden Falbkatzen in Ägypten lediglich domestiziert, also gezähmt und als Haustier gehalten. Tiere, die weniger scheu und aggressiv gegenüber Menschen waren, hatten dabei bessere Überlebenschancen sowie mehr Zugang zu Nahrung, sodass sie sich erfolgreicher fortpflanzen konnten.
Im Laufe der Jahrtausende entwickelten sich genetische Unterschiede zwischen domestizierten Katzen und ihren wilden Vorfahren, wobei die Veränderungen sowohl physische Merkmale als auch Verhaltensweisen umfassten. Die Vielfalt der Fellfarben der Hauskatze ist zufällig, durch natürliche Selektion, und nicht durch gezielte Züchtung entstanden.
Erst Jahrtausende später züchtete man gezielt Katzen mit bestimmten Eigenschaften und Fellfarben.

Wie viele Katzenrassen gibt es? Wann und wo begann die gezielte Züchtung?

Rassen sind Gruppen von Individuen innerhalb einer Art, die sich durch bestimmte gemeinsame Merkmale und Eigenschaften von anderen Gruppen derselben Art unterscheiden.
Bisher sind 40 bis 70 verschiedene Katzenrassen bekannt, die alle der Spezies Hauskatze (*Felis catus*) angehören, sich aber in Größe, Farbe, Fellstruktur, Körperbau, Verhalten und Temperament stark voneinander unterscheiden können.
Die professionelle Katzenzucht mit dem Ziel, bestimmte Merkmale oder Rassen zu fördern, entwickelte sich im 19. Jahrhundert in Europa. Der erste bekannte Katzenzuchtverein, der „National Cat Club“, wurde 1887 in Großbritannien gegründet. Das Interesse an Katzenrassen und der systematischen Zucht nahm ab dieser Zeit zu, insbesondere in England und später auch in anderen Teilen der Welt.

Hunderassen können sich in Größe und Gestalt sehr stark voneinander unterscheiden. Bei Katzenrassen ist das nicht der Fall. Es gibt auch nicht so viele Katzen- wie Hunderassen. Warum?

Katzen sind anders als Hunde von Natur aus eher Einzelgänger. Sie sind freiheitsliebender, haben ein unabhängigeres Verhalten und folgen menschlichen Anweisungen seltener als Hunde. Das Antrainieren und die Züchtung bestimmter Verhaltensweisen gelingt bei ihnen daher nur bedingt.
Hunde hingegen wurden seit Tausenden von Jahren für spezifische Aufgaben wie die Jagd, das Hüten von Herden oder als Wachtiere gezüchtet. Die Erziehung und die Zucht von Hunden werden durch ihr angeborenes Verhalten unterstützt. Als Rudeltiere ordnen sie sich in der Regel einem Anführer unter, befolgen Befehle und interagieren in einem sozialen Gefüge mit Menschen und anderen Hunden.
Deshalb gibt es heute viele verschiedene Hunderassen. Katzen dienen seit jeher eher als Mäusefänger und Schmusetiere. Ihre Zucht zielte vor allem auf ästhetische Merkmale wie Fellfarbe oder Fellstrukturen ab.

Katzen landen bei einem Sturz meist auf den Pfoten und können sich durch sehr enge Öffnungen zwängen. Auf welche anatomischen Eigenschaften der Hauskatze sind diese Fähigkeiten zurückzuführen?

Katzen haben einen leichten, muskulösen Körperbau und ein sehr flexibles Skelett mit sieben Hals-, 13 Brust- und sieben Lendenwirbeln. Hinzu kommen drei zum Kreuzbein verwachsene Kreuzwirbel und 20 bis 23 Schwanzwirbel. Außerdem verfügen sie über einen sehr ausgeprägten Gleichgewichtssinn, der durch das Vestibularorgan im Innenohr unterstützt wird.
Ihr freischwebendes Schlüsselbein (*Clavicula*), das nicht direkt mit dem Brustbein, sondern durch Muskeln und Bänder mit den Schulterblättern verbunden ist, ermöglicht es der Katze, sich durch sehr enge Öffnungen zu zwängen und den Körper beim Fallen so zu drehen, dass das Tier bei einem Sturz mit den Pfoten nach unten landet. Der Drehreflex beginnt zu wirken, sobald eine Katze spürt, dass sie fällt. Er wird bereits bei Katzenjungen im Alter von drei Wochen beobachtet und ist bei erwachsenen Katzen vollständig ausgebildet. Der Reflex ermöglicht es der Katze, den Ober- und Unterkörper unabhängig voneinander zu drehen und so in eine sichere Landeposition zu kommen. Der Schwanz fungiert beim Fallen als Steuerruder. Kurz vor dem Aufprall streckt die Katze ihre Beine, um die Wucht des Aufpralls zu verteilen.

Hauskatzen schmiegen sich oft an das Gesicht ihrer Bezugspersonen. Warum? Entwickeln sie eine genauso enge Bindung an „ihre“ Menschen wie Hunde?

Wenn sich eine Katze an das Gesicht ihrer Halterin oder ihres Halters schmiegt, drückt sie damit Zuneigung und Vertrauen aus. Beim Reiben des Kopfes am Gesicht eines Menschen hinterlässt sie Duftstoffe (Pheromone), die aus Duftdrüsen an Katzenstirn, -wangen und -kinn stammen. Die Hauskatze markiert ihren Lieblingsmenschen mit diesen Pheromonen und kennzeichnet ihn als „sicher" und „vertraut".
Katzen und Hunde können jeweils ähnlich tiefe Bindungen zu „ihren" Menschen aufbauen, allerdings drückt sich dies unterschiedlich aus. Katzen sind erheblich unabhängiger als Hunde, suchen nicht ständig Nähe und gelten als weniger treu. Wenn sie nicht die Zuwendung bekommen, die sie sich wünschen, wenden sie sich auch anderen Menschen im selben Revier zu. Meist bevorzugen sie die Person, die sie regelmäßig füttert und streichelt.

Gucken Hauskatzen gern Filme?
Was passiert dabei?

Tatsächlich reagieren viele Hauskatzen auf das heimische Fernsehprogramm. Vor allem Naturdokumentationen, in denen Vögel, Fische, Mäuse oder andere Tiere vorkommen, scheinen spannend für sie zu sein. Auch die schnellen Bewegungen in Zeichentrickfilmen oder in einem Fußballspiel sind für viele Katzen faszinierend.
Es gibt sogar spezielle Videos und Kanäle, die darauf ausgelegt sind, die natürlichen Jagdinstinkte von Katzen durch Filme zu wecken. Zum Beispiel die „Cat-Sitter-Trilogie“ auf DVD, „Video Catnip“ oder der YouTube-Kanal „Paul Dinning“.
Wenn eine Katze eine Maus oder ein anderes mögliches Beutetier auf einem Bildschirm sieht, versucht sie es zu jagen oder zu fangen, indem sie gegen den Bildschirm springt oder ihn mit den Pfoten berührt.

In welchen Fällen vertragen sich Hunde und Katzen, die im selben Haus leben?

Hunde und Katzen können durchaus im selben Haus friedlich zusammenleben, vor allem, wenn sie bereits in jungen Jahren aneinander gewöhnt werden.
Bei älteren Tieren ist es wichtig, dass die Persönlichkeiten zueinander passen. Ein ruhiger, geduldiger Hund kann beispielsweise besser mit einer zurückhaltenden Katze auskommen. Umgekehrt kann ein aktiverer Hund mit einer selbstbewussten, neugierigen Katze gut harmonieren. Generell sollte man den beiden Tierarten Zeit geben, sich aneinander zu gewöhnen.
Wichtig ist auch, dass jedes Tier seinen eigenen Rückzugsort hat, um Stress und Konflikte zu vermeiden. Leckerlis und Lob, wenn sie ruhig beieinander sind, verstärken das friedliche Verhalten.

Ist es möglich, dass entlaufene Katzen auch nach vielen Jahren wieder in ihrem alten Zuhause auftauchen?

Ja, da Katzen über bemerkenswerte Orientierungsfähigkeiten verfügen, finden sie auch nach vielen Jahren der Abwesenheit über große Entfernungen nach Hause zurück. Ihr (räumliches) Gedächtnis und ihr Geruchssinn helfen ihnen dabei, sich an bestimmte Orte und Wege zu erinnern.

So soll eine Katze namens **Holly** im Jahr 2012 über 320 km in Florida zurückgelegt haben, um zu ihrem Zuhause zurückzukehren.

Warum wird empfohlen, Wohnungskatzen zu zweit zu halten? Welche Probleme können dabei auftauchen?

Wenn zwei Katzen sich gegenseitig Gesellschaft leisten, fühlen sie sich weniger einsam und haben weniger Langeweile. Sie spielen miteinander und bewegen sich mehr, was sie fit und gesund hält.
In vielen Fällen etablieren die beiden Katzen nach und nach durch Körpersprache, Fauchen und ritualisiertes Kämpfen mehr oder weniger friedlich eine Rangordnung. Gelingt ihnen das nicht, muss mit fortdauernden Revierkämpfen gerechnet werden. Dabei markieren die Katzen ihr Revier mit Urin und ziehen dabei Sofas und Betten in Mitleidenschaft.
Um dies zu vermeiden, wird empfohlen, zwei Katzentoiletten bereitzustellen. Außerdem sollte es mehrere Futter- und Schlafplätze geben.

In Katzenvideos sind oft schlagende und boxende Katzen zu sehen. Worauf ist dieses Verhalten zurückzuführen?

Wenn Katzen boxen, ist das oft ein spielerischer Akt, der auf dem Jagdinstinkt beruht. Vor allem junge Katzen trainieren so ihre Jagdfähigkeiten.

Katzen boxen aber auch, wenn sie sich bedroht oder gestresst fühlen. Dann versuchen sie, sich mit den Pfoten zu verteidigen oder einen vermeintlichen Gegner abzuschrecken. Anzeichen für Aggression oder Bedrohungsverhalten bei Katzen sind außerdem ein gekrümmter Rücken und gesträubtes Fell, insbesondere an Rücken und Schwanz, sowie ein starrer, fixierender Blick auf den Feind.

Welche Farben können Katzen sehen?
Welche davon sind besonders gut für sie erkennbar und welche kaum?

A Violett
B Blau
C Orange
D Rot
E Grün

A, B, E sind richtig. Katzen können Blau- und Violetttöne gut erkennen. Sie sehen auch einige Grüntöne, aber die Grünwahrnehmung ist nicht so gut wie bei uns Menschen. Rot- und Orangetöne erkennen Katzen kaum. Diese Farben erscheinen ihnen grau oder bräunlich.

Was ist ein Katzenbuckel? Welche Gefühle drückt die Katze damit aus?

Wenn Katzen ihren Rücken hochwölben, spricht man von einem Katzenbuckel. Oft ist diese Haltung begleitet von gesträubtem Fell und einem gekrümmten Schwanz. Sie zeigt sich, wenn die Katze überrascht wird, sich bedroht fühlt oder Angst hat.
Ein Katzenbuckel kann aber auch ein Zeichen von Aggression sein, vor allem, wenn das Tier dabei faucht und bereit ist, sich entweder zu verteidigen oder anzugreifen. Auch Kätzchen machen manchmal einen Katzenbuckel. Diese spielerische Geste ist aber nicht mit Angst oder Aggression verbunden.

In Videoclips im Netz sind oft Katzen zu sehen, die sich vor Gurken erschrecken. Haben Katzen wirklich Angst vor Gurken? Und welche Körperhaltung zeigen sie, wenn sie Angst haben?

Nein, Katzen haben nicht immer Angst vor Gurken. Doch Gurken können Hauskatzen tatsächlich erschrecken – ebenso wie andere am heimischen Futterplatz unerwartet auftretende Gegenstände. Katzen sind nämlich von Natur aus vorsichtig und aufmerksam gegenüber ihrer Umgebung und reagieren instinktiv auf mögliche Bedrohungen. Möglicherweise erinnert die Form der Gurke an eine Schlange und löst dadurch angeborene Angst- und Fluchtreflexe aus.
Wird eine Katze erschreckt, macht sie einen Katzenbuckel; die Muskeln sind angespannt, die Ohren liegen flach nach hinten gestellt am Kopf an. Der Schwanz wird eingezogen oder unter den Körper geschlagen, die Schwanzhaare sind aufgeplustert. Oft werden auch die Augen weit aufgerissen und der Körper zittert.

Können Hauskatzen tiefere Töne schlechter hören als wir Menschen? Und warum haben sie Angst vor knisternder Alufolie?

Die Frequenz, gemessen in Hertz (Hz), beschreibt die Anzahl der Schwingungen pro Sekunde. Je höher die Frequenz, desto höher der Ton. Katzen sind in der Lage, sehr hohe Töne zu hören. Tiefere Frequenzen nehmen sie dagegen schlechter wahr als wir Menschen. Der Hörbereich des Menschen liegt zwischen 20 Hz und 20 kHz, der von Katzen zwischen 48 Hz bis 85 kHz.
Das Geräusch, das knisternde Alufolie macht, enthält hohe Frequenzen, die im empfindlichen Hörbereich der Katze liegen. Die Katze nimmt es als bedrohlich oder beängstigend wahr, vor allem, wenn es unerwartet auftritt.

Wo im Gesicht wird eine Katze besonders gern gestreichelt? Und was drückt sie aus, wenn sie schnurrt? Wie kommt das Geräusch zustande?

Katzen mögen es, um die Wangen, unter dem Kinn und hinter den Ohren gestreichelt zu werden. Diese Bereiche enthalten Duftdrüsen. Mit dem Streicheln werden Düfte verbreitet, die Vertrautheit und Besitzansprüche anzeigen. Wenn eine Katze schnurrt, drückt sie Entspannung, Zufriedenheit und Wohlbefinden aus.
Früher dachte man, dass das Schnurrgeräusch schnelle, rhythmische Muskelkontraktionen im Kehlkopf der Katze erfordert. Ein Stimmforscher konnte 2023 nachweisen, dass dies nicht der Fall ist.
Die Stimmlippen im Innern des Kehlkopfes der Katze schwingen, wenn Luft aus der Lunge durch den Kehlkopf strömt. Ein einzigartiges „Gewebspolster“ in den Stimmlippen könnte erklären, wie kleine Tiere derart tiefe Schnurrtöne erzeugen können.

Warum bringen Hauskatzen Mäuse oder Vögel und im Herbst manchmal auch Äpfel oder Zwetschgen ins Haus?

Der Jagdtrieb der Hauskatze ist stark, auch wenn sie regelmäßig gefüttert wird. Das Fangen und Mitbringen von Beute ist ein Ausdruck dieses instinktiven Verhaltens. Das eigene Zuhause wird von der Katze als ein sicherer und ungestörter Ort wahrgenommen, wo sie ihre Beute in Ruhe verzehren, ihren Jagderfolg mit „ihren" Menschen teilen und damit Zuneigung beweisen kann. Wilde Katzenmütter bringen oft lebende oder halb tote Beute zu ihren Kätzchen, um sie zu füttern und ihnen das Jagen beizubringen. Möglicherweise zeigt die Katze deshalb ein ähnliches Verhalten gegenüber „ihren" Menschen.
Wenn sie keine Mäuse oder Vögel erwischt hat, bringt sie ersatzweise auch Obst oder andere Gegenstände als Geschenke ins Haus und markiert damit ihr Revier. Aufmerksamkeit bekommt sie so auf jeden Fall!

Wie hoch ist die Vermehrungsrate bei Katzen? Wie viele Nachkommen haben (theoretisch) nicht sterilisierte Katzen nach drei Jahren?

Eine weibliche Katze kann bereits im Alter von etwa 5 bis 9 Monaten geschlechtsreif werden und dann bis zu dreimal im Jahr Junge bekommen. Mit jedem Wurf können zwischen 1 und 12 Kätzchen geboren werden, wobei der Durchschnitt bei etwa 4 bis 6 Kätzchen liegt. Das ergibt ca. 12 Kätzchen pro Jahr von einer einzigen Katze. Werden 12 Kätzchen geschlechtsreif und jede bekommt selbst auch 12 Kätzchen, sind es im zweiten Jahr schon 144 Kätzchen, nach 3 Jahren **1.728** Kätzchen.

Dieser exponentielle Anstieg zeigt, wie schnell es theoretisch zu einer unkontrollierten Vermehrung von Katzen kommen kann. Die Sterilisation von Katzen ist wichtig, um eine Massenvermehrung zu verhindern.

Was ist eine „Katzenadoption“?
Was passiert dabei und warum ist sie
wichtig?

Die Katzenadoption ist ein wichtiger Beitrag zum Tierschutz, da sie hilft, überfüllte Tierheime zu entlasten, und Katzen ein besseres Leben ermöglicht.

So geht's: Der zukünftige Besitzer besucht ein Tierheim, um eine Katze auszuwählen, oder er sucht online nach einer Katze. Bei der Bewerbung muss er einen Fragebogen ausfüllen und Angaben machen zur eigenen Lebenssituation, zu Erfahrungen mit Tieren und zu den Erwartungen, die er an die Katze hat.

Die Organisation überprüft nun die Bewerbung und versucht, Katzen mit bestimmten Persönlichkeitsmerkmalen mit den passenden Menschen zu „verkuppeln". Zur Überprüfung der Angaben des Bewerbers kann auch ein Hausbesuch erfolgen, um sicherzustellen, dass das neue Zuhause für die Katze auch geeignet ist. Anschließend wird ein Adoptionsvertrag unterzeichnet, der die Pflichten des neuen Besitzers und die Rechte des Tierheims festlegt.

Wie heißt diese Katzenrasse? Wo wurde sie erstmals gezüchtet? Und wie nennt man die Art ihrer Färbung?

Dargestellt ist die **Siamkatze**, eine der ältesten Katzenrassen. Bereits im antiken Königreich Siam, im heutigen Thailand, wurde sie sehr geschätzt. Die moderne Züchtung begann aber erst, als die Rasse gegen Ende des 19. Jahrhunderts in den Westen eingeführt wurde.

Typisch für eine Siamkatze ist die sogenannte Point-Färbung: Ohren, Gesicht, Pfoten und Schwanz sind dunkler gefärbt als der Rest des Körpers. Die mandelförmigen Augen sind intensiv blau. Das Gesicht ist charakteristisch keilförmig mit großen Ohren, das Fell kurzhaarig. Die Fellfarben können variieren: Bei der bekanntesten Farbvariante ist der Körper cremefarben bis hellbraun mit sehr dunklen, fast schwarzen Points an den Extremitäten. Aber auch elfenbeinfarbene Körper mit milchschokoladenfarbenen Points oder weiße Körper mit grau-blauen oder grau-rosa Points sind möglich.

Alle Siamkatzen gelten als spielfreudig, stehen gern im Mittelpunkt der Aufmerksamkeit und nutzen ein breites Spektrum an Tönen, um mit „ihren“ Menschen zu kommunizieren.

Wie heißt diese Katzenrasse? Wie groß ist sie und was sind ihre Kennzeichen?

Dargestellt ist eine **Maine-Coon-Katze**, eine sehr große Hauskatzenrasse, die (ohne Schwanz) Körperlängen zwischen 48 und 76 cm erreicht. Die Ohren sind groß und oft mit „Luchspinseln" an den Spitzen versehen. Das seidige Fell ist lang und dicht, zum Bauch und zu den Beinen hin kürzer. Häufige Fellfarben sind Braun, Silber, Schwarz und Rot, jeweils mit unterschiedlichen Musterungen. Der buschige Schwanz ähnelt einem Waschbärenschwanz.

Maine Coons gelten als sehr soziale, intelligente und anpassungsfähige Tiere mit freundlichem und verspieltem Wesen. Sie kommunizieren gerne mit Menschen und Haustieren und machen sich mit einer Reihe von Lauten bemerkbar.

Welche Katzenrasse hat ein flaches Gesicht, ein dichtes, langhaariges Fell und ein ruhiges, sanftmütiges Wesen? Welche Farbvariationen dieser Rasse gibt es?

Die genannten Kennzeichen und Eigenschaften treffen auf die **Perserkatze** zu. Von dieser Rasse gibt es unzählige Farbvariationen. Das Fell kann einfarbig schwarz, weiß, blaugrau, rot, creme- oder schokoladenfarbig sein. Sehr häufig tragen Perserkatzen aber auch ein mehrfarbiges, geflecktes, gestreiftes oder gemasertes Fell.

Auf welche Kreuzung ist die **Bengalkatze** zurückzuführen? Seit wann ist diese Katzenrasse bekannt?

Die **Bengalkatze** entstand in den 1960er Jahren in den USA durch eine Kreuzung von Hauskatzen mit der wilden Asiatischen Leopardenkatze (*Prionailurus bengalensis*). In Deutschland ist die Haltung von Bengalkatzen ab der fünften Generation (F5) nach der Kreuzung grundsätzlich erlaubt und in der Regel nicht meldepflichtig.

Woran erkennt man **Sphynx-Katzen**?

A am sehr kurzen Schwanz
B am schwarzen Fell mit gelben Punkten
C an spitzigen Ohren und hellblauen Augen
D am kaum sichtbaren Fell

Richtig ist D. Sphynx-Katzen haben keine sichtbaren Haare, nur einen feinen Flaum auf der Haut. Um den Kopf herum am Hals, an den Schultern und am Bauch befinden sich viele Hautfalten. Die Ohren sind auffallend groß, ebenso die zitronenförmigen Augen. Die Rasse entstand in den 1960er-Jahren aus einer natürlichen Mutation in Kanada.

Welche Merkmale sind typisch für die Katzenrasse **Britisch Kurzhaar**?

Typisch für die Rasse **Britisch Kurzhaar** sind das kurzhaarige, dichte, plüschige Fell, der kräftige Körper und kleine Ohren. Als charakteristische Fellfarbe gilt Blaugrau, aber auch andere Farben und Musterungen kommen vor. Britisch-Kurzhaar-Katzen gelten als ruhig, geduldig, sind gerne allein und deshalb auch für Berufstätige geeignet.

Welche Katzenrasse erinnert an Werwölfe und wird daher auch „**Werwolfkatze**“ genannt?

A Russische Siamkatze
B Karakal
C Lykoi-Katze
D Chartreux (Kartäuserkatze)

Richtig ist C. Lykoi-Katzen mit ihrem zerzausten, rauen Fell, den großen Ohren und Augen werden auch **Werwolfkatzen** genannt. Sie gelten als intelligent und verspielt, sind jedoch kälteempfindlich, anfällig für Sonnenbrand und benötigen regelmäßige Hautpflege. Die Rasse stammt aus einer natürlichen Mutation und wird seit 2010 gezielt gezüchtet.

Die Züchtung und der Verkauf einiger Katzenrassen sind in manchen Ländern verboten. Eine davon ist hier abgebildet. Wie lautet ihr Name?

Abgebildet ist die 50 bis 60 cm lange **Savannah-Katze**, die aus der Kreuzung einer domestizierten Hauskatze und einer Afrikanischen Serval-Katze (*Leptailurus serval*) hervorgegangen ist. Typisch für diese Rasse sind lange Beine, ein langer Hals und ein schlanker Körper sowie ein kleiner Kopf mit großen Ohren. Das Fell ist kurz mit geflecktem Muster. Die Zucht ist in vielen Ländern eingeschränkt oder verboten. In Deutschland ist die Haltung erst ab der F5-Generation erlaubt, also 5 Generationen nach der Kreuzung.
Die **Ashera-Katze** ist das Ergebnis einer Kreuzung, die den Serval, die Bengalkatze und die Hauskatze umfasst. Ein Exemplar kann angeblich bis zu 125.000 US-Dollar kosten. Einige Experten behaupten, dass Ashera-Katzen eigentlich Savannah-Katzen sind, die unter einem anderen Namen zu einem höheren Preis verkauft werden.

Geht das Aussehen der hier abgebildeten Schottischen Faltohrkatze auf eine Züchtung zurück? Falls ja, warum ist diese Züchtung umstritten?

Das charakteristische Aussehen der **Schottischen Faltohrkatze**, insbesondere die nach vorn geknickten Ohren, geht auf eine Mutation zurück, die durch Züchtung weiterentwickelt wurde. Die Mutation betrifft ein Gen, das das Protein Osteochondrin kodiert und so die Entwicklung des Knorpels steuert. Der Gendefekt wirkt sich auf die knorpelhaltige Ohrmuschel aus, kann aber auch andere Knorpelstrukturen im Körper beeinträchtigen.
Die Mutation wird dominant vererbt: Trägt ein Elternteil das defekte Gen, bekommen alle Nachkommen Faltohren – und unter Umständen auch andere Gelenkerkrankungen. Darum ist die Zucht von Schottischen Faltohrkatzen in einigen Ländern verboten oder nur mit Einschränkungen möglich.

Sollte man mit bestimmten Katzenrassen regelmäßig einen Katzensalon aufsuchen? Falls ja, welche Rassen sind das? Welche Behandlungen werden dort durchgeführt?

A Baden, Waschen und Trocknen
B Scheren, Bürsten und Entwirren
C Krallenschneiden
D Ohren- und Augenreinigung
E Analdrüsenpflege
F Vibrissen (Schnurrhaare) schneiden
G Pfotenpeeling

Ja, langhaarige Katzen wie Perser, Maine Coons und Ragdolls, aber auch einige kurzhaarige Rassen und die fast haarlose Sphynx sollten dann und wann einen Katzensalon aufsuchen. Alle unter A bis E genannten Pflegemaßnahmen kommen dabei in Betracht. Die Antworten F und G sind falsch.

Warum sind Katzenhaare für manche Menschen allergen? Lösen auch haarlose Katzen Allergien aus?

Katzenhaare allein sind nicht allergen. Ursache einer Katzenallergie ist das Protein Fel d 1, das vor allem im Speichel, in den Talgdrüsen und im Urin von Katzen vorkommt. Wenn die Tiere sich putzen, verteilen sie ihren Speichel auf ihrem Fell. Das Haar wird dadurch zum Träger des Allergens. Verliert die Katze Haare, werden die daran haftenden Allergene verteilt. Sie verbinden sich mit Staubpartikeln in der Luft oder setzen sich auf Möbeln, Kleidung und anderen Oberflächen im Haus ab.

Haarlose Tiere wie die Sphynx-Katze lösen bei empfindlichen Menschen genauso Allergien aus wie andere Hauskatzenrassen, da sie ebenfalls Speichel und Hautschuppen produzieren.

Wie heißt die hier abgebildete Katzenrasse, die als hypoallergen gilt?

Dargestellt ist eine **Russisch-Blau-Katze**. Sie soll das Hauptallergen Fel d 1 in geringerem Umfang produzieren. Außerdem besitzt sie ein sehr dichtes Fell, das möglicherweise dazu beiträgt, dass weniger Hautschuppen (die Träger des Allergens) freigesetzt werden. Angeblich putzt sie sich auch weniger intensiv, was zu einer geringeren Verteilung von Speichel auf ihrem Fell führen würde. Russisch-Blau-Katzen gelten als ruhig, intelligent, unabhängig, verspielt und erfordern keine ständige Aufmerksamkeit.

Die **Sibirische Katze**, die stark menschenbezogen ist, Gesellschaft und Spiele liebt, zählt man ebenfalls zu den hypoallergenen Katzenrassen. Es ist jedoch zu betonen, dass keine Katzenrasse komplett allergenfrei ist.

Wie viele Hauskatzen gibt es derzeit weltweit? In welchen Ländern leben besonders viele Individuen?

Schätzungen gehen von einem riesigen Bestand aus, zwischen 600 Millionen und 1 Milliarde Katzen soll es geben. Über 106 Millionen Hauskatzen sollen in Europa, 95,6 Millionen in den USA und 53,4 Millionen in China leben.

Die zehn Länder mit den meisten Hauskatzen in Europa sind:

1. Russland (22,95 Millionen)
2. Deutschland (16,7 Millionen)
3. Frankreich (15,1 Millionen)
4. Vereinigtes Königreich (12 Millionen)
5. Italien (10,1 Millionen)
6. Polen (7,8 Millionen)
7. Spanien (7,6 Millionen)
8. Ukraine (7,3 Millionen)
9. Türkei (7,2 Millionen)
10. Niederlande (7 Millionen)

Warum ist die Ernährung der Hauskatzen inzwischen für den Klima- und Umweltschutz ein Problem?

Die Ernährung der Hauskatze basiert auf Fleisch. Ein 4 kg schweres Tier benötigt etwa 100 bis 120 g Fleisch pro Tag. Das entspricht durchschnittlich rund 50 kg Fleisch pro Jahr. Geht man von rund 600 Millionen Hauskatzen weltweit aus, vertilgen diese pro Jahr rund 31,2 Milliarden kg Fleisch, das entspricht 31,2 Millionen Tonnen.

Die Fleischherstellung erfordert viel Wasser und große Landflächen, auf denen pflanzliche Futtermittel für die Massentierhaltung angebaut werden. Um Weide- und Futteranbauflächen zu gewinnen, wird oft Wald gerodet, was zur Zerstörung von Ökosystemen, zum Verlust der Biodiversität und – durch Verbrennung und Zersetzung des Pflanzenmaterials – zur Freisetzung des klimaschädlichen Gases CO_2 führt.

Die Herstellung von Katzenfutter benötigt zusätzlich Energie für die Produktion, Verpackung und den Transport und trägt ebenfalls zu den Gesamtemissionen von Treibhausgasen bei.

Warum kann man Hauskatzen nicht vegan ernähren?

Katzen sind reine Fleischfresser. Ihre Verdauungssysteme und -enzyme sind auf eine effiziente Verarbeitung von Fleisch ausgerichtet. Sie vegan zu ernähren ist problematisch, da sie verschiedene Stoffe benötigen, die nur im Fleisch enthalten sind. Ein Mangel würde zu schwerwiegenden gesundheitlichen Problemen führen.

Fehlt Taurin, eine essenzielle Aminosäure, kommt es zu Herzkrankheiten (dilatative Kardiomyopathie) und Sehproblemen. Ein Mangel an Arachidonsäure führt zu Entzündungsreaktionen. Vitamin A müssen Katzen in einer aktiven Form aufnehmen, die nur in tierischen Quellen zu finden ist. Es fehlt ihnen nämlich das Enzym, mit dessen Hilfe sich Betacarotin aus Pflanzen in Vitamin A umwandeln lässt. Ein Vitamin-A-Mangel kann zu Hautproblemen, Sehstörungen und anderen gesundheitlichen Problemen führen.

Hinzu kommt, dass Katzen einen höheren Proteinbedarf haben als viele andere Tiere, den sie mit rein pflanzlicher Nahrung nicht decken können.

Welche Kotmenge produzieren Hauskatzen täglich und jährlich? Ist die Entsorgung der Katzenstreu ein ökologisches Problem?

Eine durchschnittliche Katze produziert pro Tag etwa 25 bis 35 g Kot. Hochgerechnet auf ein Jahr ergibt dies 9 bis 13 kg Kot pro Katze. In Deutschland fallen jährlich ca. 630.000 Tonnen mineralische Katzenstreu an, wovon 96 % aus Bentonit bestehen. Der Abbau von Bentonit verbraucht viel Energie und schadet der Landschaft. Die Entsorgung im Restmüll bedeutet eine hohe Belastung für Deponien und die Umwelt. Bei der Verbrennung entstehen Schadstoffe und Schlacke. Silikatstreu ist sehr saugfähig und kann länger verwendet werden, wodurch weniger Abfall entsteht, ist aber energieaufwendig in der Herstellung und nicht kompostierbar. Empfohlen wird daher die Nutzung eines pflanzlichen Streumaterials, das kompostierbar und somit umweltfreundlich ist.

Welche Kräuter lieben Hauskatzen? Warum?
Und welche mögen sie eher nicht?

A Katzenminze und Baldrian
B Lavendel, Rosmarin und Thymian
C Katzengamander, Zitronenmelisse

A und C sind richtig. Hauskatzen lecken, schnüffeln und reiben sich an Katzenminze (*Nepeta cataria*), Baldrian (*Valeriana officinalis*), Katzengamander (*Teucrium marum*) und Zitronenmelisse (*Melissa officinalis*). Katzenminze enthält eine Verbindung namens Nepetalakton, die bei Katzen die olfaktorischen (Geruchs-)Rezeptoren aktiviert, die normalerweise durch Pheromone stimuliert werden. Baldrian enthält mehrere Verbindungen, darunter Actinidin, das ähnlich wie Nepetalakton wirkt. Katzen können durch das Kauen und Reiben an mit Baldrian gefüllten Spielzeugen oder Kissen zu Aktivitäten und Spielfreude angeregt werden.

Die unter B genannten Kräuter mögen Katzen eher nicht.

Was tun, wenn fremde Hauskatzen ständig in den Garten kacken? Wie vertreibt man sie am besten?

Katzen sind territoriale Tiere und markieren ihr Revier mit Urin und Kot. Den Kot muss man regelmäßig entfernen, damit der Ort nicht zum Dauerklo wird. Um es dem unerwünschten Tier im Garten nicht zu gemütlich zu machen, kommen diese Maßnahmen in Betracht:

- Katzensichere Zäune errichten
- Zur Geruchsabwehr Zitrusfrüchte (Orangenschalen oder Zitronenschalen), Essig oder Kaffeesatz ausbringen
- „Verpissdich"-Pflanze (*Coleus canina*) aufstellen oder Lavendel pflanzen
- Ultraschallabwehrgeräte aufstellen, die hochfrequente, nur für Katzen hörbare Töne aussenden
- Automatische Bewässerungsanlagen aufstellen
- Sandkästen abdecken

Jagen Katzen Kleinvögel? Und ist das ein Problem für den Artenschutz?

Ja, frei laufende Katzen machen tatsächlich auf Vögel, kleine Säugetiere und andere Wildtiere Jagd. In einer Studie des Bundes für Umwelt und Naturschutz wurde festgestellt, dass Hauskatzen allein in Deutschland jährlich bis zu 500.000 Vögel töten. Die britische Naturschutzorganisation Birdlife International geht sogar davon aus, dass die Zahl der von Hauskatzen erlegten Vögel in Europa jährlich bei bis zu 377 Millionen liegt. Es ist daher nicht verwunderlich, dass die Zahl der Arten und die Bestandsgrößen der Vögel in Gebieten mit einer hohen Dichte an Freigängerkatzen deutlich sinken. Seltenere Arten, die ohnehin nur in kleinen Populationen auftreten, sind dabei besonders gefährdet.

Trägt die freilaufende Katze ein Halsband mit Glöckchen, werden Vögel und andere Beutetiere rechtzeitig gewarnt. Einige (Haus-)Tierschützer*innen stellen die Wirksamkeit des Glöckchens jedoch in Frage. Sie gehen davon aus, dass die Katze, auch wenn das Halsband einen Sicherheitsverschluss aufweist, stranguliert werden kann und das Gebimmel zu laut für das empfindliche Katzengehör ist. Eine Alternative sind bunte „Birdsbesafe“-Halsbandüberzüge, die Katzen vor allem tagsüber für Vögel sichtbarer machen. Auch im Dunkeln leuchtende Halsbänder können eine Alternative zum Glöckchen sein.

Muss man Hauskatzen impfen lassen?
Warum?

Impfungen schützen Katzen vor verschiedenen gefährlichen Erregern und zum Teil tödlichen Krankheiten wie Katzenseuche (Panleukopenie), Katzenschnupfen (Kalzivirus, Herpesvirus), Katzen-Chlamydien-Infektion, Katzenbronchitis, Tollwut oder auch Felinen Leukämie (FeLV). Gleichzeitig wird die Ausbreitung dieser Krankheiten, von denen einige auch auf Menschen übertragbar sind, eingedämmt.
Tollwut wird durch den Biss infizierter Tiere übertragen und ist fast immer tödlich, sobald Symptome auftreten. Die Tollwutimpfung für Katzen ist deshalb in vielen Ländern gesetzlich vorgeschrieben. Deutschland gilt seit 2008 als tollwutfrei, derzeit sind schätzungsweise 70 % der bei uns lebenden Hauskatzen gegen Tollwut geimpft.

Hauskatzen können an Leptospirose, Dermatophytose, Bartonellose, Salmonellose und Toxoplasmose erkranken. Welche dieser Infektionskrankheiten kann auch für uns Menschen gefährlich werden?

Tatsächlich können alle genannten Krankheiten auch auf Menschen übertragen werden. Die Übertragung erfolgt – je nach Erreger – durch Kratzer oder Bisse von infizierten Katzen oder durch Kot und Urin.

Besonders gefährlich ist die Toxoplasmose. Die Krankheit wird verursacht durch den mikroskopisch kleinen, einzelligen Parasiten *Toxoplasma gondii*. Er gelangt durch den Kot infizierter Tiere in den Körper der Katze. Auch Menschen können sich durch den Kontakt mit kontaminiertem Katzenkot oder durch den Verzehr von rohem oder unzureichend gekochtem Fleisch infizieren. Schwangere Frauen sollten besonders vorsichtig sein, da eine Infektion während der Schwangerschaft schwerwiegende Folgen für das Kind haben kann.
Vor allem beim Umgang mit Straßenkatzen ist Vorsicht geboten. Regelmäßiges Händewaschen und das Tragen von Schutzhandschuhen können das Risiko einer Krankheitsübertragung verringern.

Sollten Kleinkinder mit Katzen schmusen
und sich von ihnen ablecken lassen?

Generell sollten Babys und Kleinkinder niemals unbeaufsichtigt mit Katzen allein gelassen werden. Die Wahrscheinlichkeit, dass sich ein Kind beim Schmusen mit einer Katze infiziert, sinkt deutlich, wenn die Katze geimpft und gesund ist und regelmäßig vom Tierarzt auf Parasiten wie Würmer und Flöhe untersucht und gegebenenfalls behandelt wird.
Kleinkinder, deren Immunsystem noch nicht völlig entwickelt ist, sollten das Gesicht der Katze möglichst nicht berühren. Die Katze sollte man spielerisch davon abhalten, das Gesicht des Kindes zu lecken, denn mit dem Katzenspeichel können schädliche Bakterien und Parasiten übertragen werden. Für ältere Kinder sollte es selbstverständlich sein, sich nach dem Kontakt mit der Katze die Hände gründlich zu waschen, insbesondere vor dem Essen.
Auch nach der Reinigung von Fressnäpfen und Katzenklo ist unbedingt auf Hygiene zu achten. Kratzer oder Bisse sollte man sofort desinfizieren und im Auge behalten und gegebenenfalls auch ärztliche Hilfe in Anspruch nehmen.

Warum können Katzenvideos unsere Stimmung aufhellen und damit gut für unser Seelenleben sein?

Katzen, insbesondere Katzenkinder, haben Eigenschaften, die starke emotionale Reaktionen bei Menschen hervorrufen, selbst wenn wir die Tiere nicht in natura, sondern im Video beobachten. Eine wichtige Rolle spielt dabei das Gesicht der Katze. Durch die großen, runden Augen, die kleine Nase und den kleinen Mund entspricht es dem sogenannten Kindchenschema. In der Natur soll das Kindchenschema sicherstellen, dass sich Menschen und Tiere um ihren eigenen Nachwuchs kümmern. Oft wird ein Fürsorgeimpuls aber auch durch artfremde Jungtiere ausgelöst.
Wenn wir Menschen Kätzchen betrachten, die spielen, schlafen oder einfach nur niedlich sind, spüren wir den Drang, die Kleinen zu streicheln und zu umsorgen. Das Eintauchen in die unbeschwerte Welt der Katzen im Film kann von täglichen Sorgen ablenken, negative Gedanken verdrängen und Stress abbauen. Im Gehirn werden dabei die Neurotransmitter Dopamin, Serotonin und Oxytocin freigesetzt, die unsere Laune sofort verbessern. Wir fühlen uns glücklich und mit der Welt verbunden.

Kann Katzenhaltung Kinder stärken?
Was tun, wenn sich (ältere) Kinder nicht an unangenehmen Aufgaben wie der Säuberung des Katzenklos beteiligen?

Katzenhaltung kann sich positiv auf die Entwicklung von Kindern auswirken. Wenn sie regelmäßige Aufgaben wie Füttern, Pflegen und Spielen übernehmen, lernen sie Verantwortung und Zuverlässigkeit. Streichelt ein Kind eine Katze, fühlt es sich weniger einsam und emotional unterstützt. Stress und Angstzustände in Krisenzeiten werden reduziert, die Stimmung verbessert sich. Damit die Kinder auch unangenehme Aufgaben wie das Reinigen des Katzenklos übernehmen, sollten in der Familie feste Regeln und am besten ein Zeitplan mit Strichlisten festgelegt werden, damit jedes Familienmitglied seine Aufgaben auch wirklich erfüllt.

Was besagen folgende Redewendungen?

A Eine Naschkatze sein
B Mit jemandem Katz und Maus spielen
C Ist die Katze aus dem Haus, tanzen die Mäuse auf dem Tisch

A Gerne Süßigkeiten wie Schokolade oder Bonbons essen
B Jemanden hinhalten, im Unklaren lassen
C Fehlt die Person, die das Sagen hat, z. B. der Chef, die Chefin, machen die anderen, was sie wollen

In Deutschland, Österreich, der Schweiz, in Portugal und Spanien machen Katzen „miau“, in England „meow“. Wie miauen Katzen in anderen Ländern?

Frankreich: miaou
Italien: miao
Niederlande: miauw
Schweden: mjau
Finnland: miau
Russland: мяу (myau)
China: 喵 (miāo)
Japan: ニャー (nyā)
Korea: 야옹 (yaong)
Türkei: miyav

Was bedeutet der Spruch „am Katzentisch sitzen“? Woher kommt er?

Die Redewendung „am Katzentisch sitzen“ soll ausdrücken, dass jemand sozial benachteiligt wird, dass er einen weniger angesehenen Platz zugewiesen bekommt und nur am Nebentisch sitzt.
Am Nebentisch saßen in vergangenen Jahrhunderten oft Kinder und das Personal, die in der Regel gesondert von der Herrschaft bzw. den Erwachsenen in der Küche oder in Nebenräumen aßen. Da auch die Hauskatzen eher in Küchen und Nebenräumen gefüttert wurden, könnte sich der Begriff „Katzentisch“ entwickelt haben. Die genaue Herkunft der Redewendung ist jedoch nicht vollständig geklärt.

Das bekannte Sprichwort
„Bei Nacht sind alle Katzen grau" war
ursprünglich ein literarischer Satz.
Aus welchem Werk stammt er?
Was sagt die Redewendung aus?

Der Satz „Bei Nacht sind alle Katzen grau“ (oder: „Nachts sind alle Katzen grau“) wurde von dem spanischen Schriftsteller Miguel de Cervantes in seinem Werk „Don Quijote“ aus dem Jahr 1605 verwendet.
Das Sprichwort spielt darauf an, dass bei schlechten Lichtverhältnissen feine Unterscheidungen schwer zu treffen sind. Tatsächlich sind in sehr dunklen Umgebungen unsere Fotorezeptoren für das Farbensehen, die Zapfen, nicht aktiv. Sie erhalten nicht genug Licht, um zu funktionieren. Stattdessen werden bei Dunkelheit in der Netzhaut des Auges die sogenannten Stäbchen aktiv, die nicht auf Farben, sondern nur auf Helligkeitsunterschiede reagieren. In der Nacht erscheint daher alles mehr oder weniger grau.
Übertragen auf soziale oder persönliche Situationen soll mit dem Sprichwort metaphorisch ausgedrückt werden, dass Unterschiede zwischen Menschen oder Dingen unter bestimmten Umständen nicht erkennbar sind.

Woher kommt der Begriff „Katzenwäsche"? Welche Reinigungsart ist gemeint?

A Gründliche Katzenpflege mit Bad in einem professionellen Katzensalon

B Chemische Reinigung von Pelzwaren

C Schnelle oberflächliche Art der menschlichen Körperreinigung, die oft nur die Benetzung des Gesichts umfasst

D Preisgünstige Autowäsche in einer Waschanlage

C ist richtig. Von Katzenwäsche spricht man, oft in spöttischem Ton, wenn sich Menschen sehr schnell und nur oberflächlich waschen. Der Begriff bezieht sich auf das Verhalten von Katzen, die sich bekanntlich mit der Zunge lecken, um sich zu reinigen.

Haben Katzen sieben oder neun Leben?
Überstehen sie einen Sturz aus 50 m Höhe?

Die Redewendung, dass Katzen „sieben Leben“ haben, ist vor allem im deutschen und britischen Kulturraum verbreitet. In den USA sollen Katzen gar „neun Leben“ haben. Diese Redewendungen beziehen sich auf die oft erstaunliche Fähigkeit von Katzen, Unfälle wie Stürze und gefährliche Situationen ohne Verletzungen zu überleben.

Doch wie jedes Lebewesen besitzen auch Katzen nur ein Leben. Einen Sturz aus 50 bis 60 m Höhe überstehen sie nicht. Nachweislich haben Katzen jedoch Stürze aus 23 bis 30 m Höhe überlebt. Dank ihres hochentwickelten Gleichgewichtssinns und ihrer Fähigkeit, ihren Körper im freien Fall zu drehen, können sie unverletzt auf ihren gespreizten Beinen und ausgestreckten Pfoten landen. Da der Aufprall über eine größere Körperfläche verteilt wird, verringert sich dabei die Verletzungsgefahr. Das Phänomen, dass Katzen nach einem Sturz aus großen Höhen oft unverletzt bleiben, wird als „Katzenreflex“ oder „Hochhaus-Syndrom“ bezeichnet.

Was macht man, wenn man „eine Katze im Sack kauft“? Woher kommt diese Redewendung? Und was passiert, wenn man „die Katze aus dem Sack lässt“?

Wenn man „eine Katze im Sack kauft", hat man etwas erworben, ohne vorher Qualität oder Eigenschaften der Ware überprüft zu haben.
Die Redewendung geht auf mittelalterliche Händler zurück, die auf dem Jahrmarkt Nutztiere wie junge Ferkel oder Hasen im Sack verkauften. Die Käufer durften den Sack nicht öffnen, bis der Kauf abgeschlossen war. Oft enthielten die Säcke aber statt der angepriesenen Nutztiere Katzen, die für den Käufer wertlos waren.
Ließ man die Katze aus dem Sack, wurde der Trickbetrüger entlarvt, das Geheimnis gelüftet, die ungeschminkte Wahrheit kam auf den Tisch.

Bringen schwarze Katzen Unglück?

Natürlich nicht! Der Aberglaube, dass schwarze Katzen Unglück bringen, ist jedoch in vielen Ländern seit Jahrhunderten weit verbreitet.

Im Mittelalter, zur Zeit der Hexenverfolgung, wurden schwarze Katzen oft mit Hexen, dem Teufel und anderen Dämonen in Verbindung gebracht. Man nahm an, dass Hexen sich in schwarze Katzen verwandeln können, um unerkannt zu bleiben. Während der mittelalterlichen Pestpandemien glaubten einige Menschen sogar, dass schwarze Katzen diese Krankheit verursachen.

In einigen Kulturen gelten schwarze Katzen wiederum als Glücksbringer, zum Beispiel in Japan, Schottland, Irland und in Griechenland. In der griechischen Folklore geht man davon aus, dass eine schwarze Katze, die ein Haus betritt, Glück bringt.

Was sind Glückskatzen? Welche Fellfärbung ist typisch für sie?

A Weiße Pfoten, schwarzer Körper
B Schwarz-rot-weiße Fellfärbung
C Schwarze Pfoten, grau getigerter Körper

B ist richtig. In Deutschland und anderen Teilen Europas werden dreifarbige Katzen, meist solche mit schwarz-rot-orange-weiß gefärbtem Fell, als „Glückskatzen“ bezeichnet. Die genannte Farbkombination ist bei Katzen relativ selten und tritt fast ausschließlich bei weiblichen Katzen auf.

Welche Bedeutung im japanischen Alltag hat die bekannte Winkekatze? Seit wann gibt es diese Katzenfiguren?

Die Winkekatze, auch bekannt als „Maneki-neko“, wird in Japan und in anderen Teilen Ostasiens als Glücksbringer angesehen, der Wohlstand und Glück anzieht. Hergestellt wird sie aus Materialien wie Keramik, Porzellan, Kunststoff, Metall oder Holz. Beliebt ist sie vor allem bei Geschäftsinhabern, um Kunden anzulocken. Die erhobene linke Pfote soll Reichtum und Erfolg „heranwinken“, eine erhobene rechte Pfote Glück bringen. Eine weiße Winkekatze symbolisiert Reinheit, Schwarz steht für Schutz vor bösen Geistern und Rot für Gesundheit. Die goldene Farbe ist besonders bedeutungsvoll, da sie direkt mit Geld und Reichtum assoziiert wird.
Man nimmt an, dass die Winkekatze in Japan irgendwann während der sogenannten Edo-Periode (1603–1868) entstanden ist. Eine Legende besagt, dass die Katze eines armen Tempelpriesters einen reisenden Samurai in den Tempel winkte, der dadurch knapp einem Blitzschlag entkam. Aus Dankbarkeit unterstützte der Samurai den Tempel großzügig. Nach dem Tod der Katze wurde zu ihren Ehren eine Statue errichtet. Die Winkekatze könnte jedoch auch auf eine andere Begebenheit zurückgehen: Die Katze einer Kurtisane aus dem Vergnügungsviertel von Edo soll ihre Halterin vor dem Angriff einer Schlange gerettet haben.

Was sind Katzencafés? In welchen Ländern gibt es sie?

In einem Katzencafé kann man umgeben von frei laufenden Katzen Snacks und Getränke genießen. Man darf die Miezen auch streicheln und mit ihnen spielen.

Das erste Katzencafé wurde 1998 in Taiwan eröffnet. Inzwischen sind Katzencafés in vielen Ländern beliebt, vor allem in Japan, aber auch in Südkorea, USA, Deutschland, Frankreich, Großbritannien und Australien. Manche Katzencafés arbeiten mit Tierheimen zusammen und bieten halterlose Katzen zur Adoption an.

Woraus wird „Katzenkaffee“ hergestellt?

A aus gerösteten Zichorienwurzeln
B aus vorverdauten Kaffeekirschen
C aus Dinkelkörnern und Kaffeebohnen

B ist richtig. Der sogenannte Katzenkaffee wird hergestellt aus vorverdauten Kaffeebohnen, die von Fleckenmusangs (Schleichkatzen) ausgeschieden werden. Die Schleichkatzen fressen die Kaffeekirschen, wobei das Fruchtfleisch verdaut wird, die Kaffeebohnen aber intakt bleiben. Aus dem Schleichkatzenkot werden die Kaffeebohnen gesammelt, gewaschen und getrocknet. Anschließend werden die Bohnen geröstet und gemahlen wie normaler Kaffee.

Schleichkatzen sind jedoch keine Katzen (Felidae), sondern bilden eine eigene Familie (Viverridae), die eher mit Mangusten und Hyänen verwandt ist.

Wie heißt die Katze in „Alice im Wunderland“? Von wem stammt das Kinderbuch? Und wann wurde es geschrieben?

Das Kinderbuch „Alice im Wunderland" stammt von dem britischen Autor **Lewis Carroll** (Pseudonym für Charles Lutwidge Dodgson). 1865 wurde es veröffentlicht. Es erzählt die Geschichte eines Mädchens namens Alice, das im Wunderland auf merkwürdige Wesen trifft und viele ungewöhnliche und abenteuerliche Situationen erlebt.
Die Katze in „Alice im Wunderland" ist bekannt für ihr breites Grinsen und heißt „**Grinsekatze**" oder auch „Cheshire-Katze". Sie begleitet Alice auf ihrem Weg durch das Wunderland und gibt ihr Ratschläge.

Wer erfand den „Gestiefelten Kater"?
In welchem Animationsfilm aus dem Jahr 2004 spielt diese Figur eine Rolle und wie lautet dort ihr Name?

Der französische Schriftsteller **Charles Perrault** (1628–1703) veröffentlichte im Jahr 1697 seine Version des Märchens „Le Maître Chat ou le Chat Botté“ („Der gestiefelte Kater“). Die Brüder Grimm veröffentlichten ihre Version des Märchens „Der gestiefelte Kater“ in der ersten Ausgabe ihrer Sammlung „Kinder- und Hausmärchen“ im Jahr 1812, also über ein Jahrhundert später.
Im Animationsfilm „Shrek 2“ (2004) taucht erstmals die Figur des gestiefelten Katers auf. Er heißt „Puss“, hält sich selbst für überaus mutig und tapfer und freundet sich mit den Hauptfiguren Shrek und Esel an.

Wer oder was war „Le chat noir?“

A Ein Mafia-Film
B Ein Kabarett
C Ein Gemälde
D Ein Gedicht

Richtig ist B. „Le Chat Noir“ war ein berühmtes Kabarett im Pariser Stadtviertel Montmartre. Es wurde 1881 von Rodolphe Salis gegründet und war ein Treffpunkt vieler Künstler, Schriftsteller und Musiker, darunter Henri de Toulouse-Lautrec und Claude Debussy. Das Werbeplakat wurde von Théophile-Alexandre Steinlen im Jahr 1896 kreiert.

Wer hat dieses Gedicht geschrieben?

Schwarze Katze

Ein Gespenst ist noch wie eine Stelle,
dran dein Blick mit einem Klange stößt;
aber da, an diesem schwarzen Felle
wird dein stärkstes Schauen aufgelöst:

Wie ein Tobender, wenn er in vollster
Raserei ins Schwarze stampft,
jählings am benehmenden Gepolster
einer Zelle aufhört und verdampft.

A Johann Wolfgang von Goethe
B Rainer Maria Rilke
C Joachim Ringelnatz
D Christian Morgenstern

B ist richtig. Das Gedicht stammt von **Rainer Maria Rilke** (1875–1926), einem österreichischen Erzähler und Lyriker, der ein bekannter Katzenliebhaber war. In seinen Gedichten und Briefen tauchen immer wieder Katzen auf, deren Anmut und Unabhängigkeit er schätzte.

Wer oder was ist „Die Katze auf dem heißen Blechdach"?

A ein amerikanischer Film
B ein Theaterstück
C ein modernes Gemälde

A und B sind richtig. „Die Katze auf dem heißen Blechdach“ ist ein Theaterstück von Tennessee Williams, das 1955 uraufgeführt wurde. 1958 wurde es unter der Regie von Richard Brooks mit Elizabeth Taylor und Paul Newman verfilmt. Hauptfigur ist Maggie „the Cat“ Pollitt, die unglücklich verheiratet ist mit Brick Pollitt, dem Sohn eines wohlhabenden Plantagenbesitzers. Der ehemalige Sportstar ist dem Alkohol verfallen. Maggie kämpft um ihre Ehe und ihre Stellung innerhalb der Familie und fühlt sich oft verzweifelt wie eine „Katze auf einem heißen Blechdach“.

Auf welchen Dichter geht das Musical „Cats“ zurück? Worum geht es in diesem Werk? Und wie lautet der Name der Hauptfigur, die das Lied „Memory“ singt?

„Cats“ geht auf das Werk „Old Possum’s Book of Practical Cats“ des Dichters **T. S. Eliot** (1888–1965) zurück. Die Musik des Musicals „Cats“ wurde von Andrew Lloyd Webber (* 1948) komponiert. In „Cats“ gibt es keine durchgängige Handlung. Stattdessen werden verschiedene Katzen vorgestellt. Jede Katze erzählt ihre eigene Geschichte durch Lieder und Tänze. Der berühmteste Song aus „Cats“ ist „Memory“, gesungen von der Katze **Grizabella**, einer ehemals bewunderten Schönheit, die inzwischen von den anderen Katzen ausgestoßen wurde. Sie schwärmt von vergangenen Zeiten und wünscht sich, wieder akzeptiert zu werden.

In welchem Jahr entstand die Zeichentrickserie „Tom und Jerry“? Wer hieß Tom und wer war Jerry?

„Tom und Jerry" ist eine Zeichentrickserie, die im Jahr **1940** von William Hanna und Joseph Barbera für das MGM-Filmstudio geschaffen wurde.
Es geht darin um eine Hauskatze und eine schlaue Maus. Tom, die Hauskatze, hat ein hellgraues Fell mit weißen Partien an Gesicht, Bauch und Pfoten. Er verfolgt Jerry, die braune Maus, und versucht, sie mit unterschiedlichen Plänen zu fangen, die jedoch meist scheitern und ihm selbst schaden.

Um was geht es im Zeichentrickfilm „Aristocats“ der Walt-Disney-Studios, der im Jahr 1970 erschien? Wie heißen die Hauptfiguren? Wie viel kostete der Film und welche Summe spielte er ein?

Im Film „Aristocats“ ist Duchesse die Katzenmutter der drei Kätzchen Marie, Berlioz und Toulouse. Sie leben zusammen als eine glückliche Familie im Haus ihrer Besitzerin, Madame Adelaide Bonfamille. Weil Bonfamilles böser Butler Edgar herausfindet, dass die Dame plant, ihr gesamtes Vermögen ihren Katzen zu vermachen, beschließt er, die Haustiere loszuwerden, und setzt sie weit weg im ländlichen Teil Frankreichs aus. Im Film versuchen die Katzen mithilfe von Thomas O'Malley, dem Streunerkater, ihren Weg zurück nach Paris zu ihrer Besitzerin zu finden. Dabei erleben sie viele Abenteuer.
Der Film kostete etwa 4 Millionen US-Dollar und spielte ungefähr 18 Millionen US-Dollar in den Kinos ein.

Wer drehte 1934 den Horrorfilm „Die Schwarze Katze"? Worum geht es in diesem Film? Welche Rolle spielt darin die schwarze Katze?

„Die schwarze Katze" wurde 1934 von dem österreichisch-amerikanischen Filmregisseur **Edgar G. Ulmer** gedreht. Der Titel wurde in Anlehnung an eine Geschichte von Edgar Allan Poe gewählt, obwohl der Film inhaltlich nichts mit Poes Erzählung zu tun hat. Der Horrorfilm erzählt die Geschichte eines jungen amerikanischen Paars, Peter und Joan Allison, das auf seiner Hochzeitsreise in Ungarn ist.
Nach einem Unfall werden Peter und Joan von Dr. Vitus Werdegast in das unheimliche und düstere Haus des Architekten Hjalmar Poelzig gebracht, der von diabolischen Praktiken besessen ist. Die schwarze Katze ist im Film das Haustier des Architekten. Sie verstärkt die unheimliche Stimmung im Haus und ist ein Sinnbild für die dunkle Natur ihres Halters und dessen okkulte Neigungen.

„Schrödingers Katze" ist ein Gedankenexperiment des österreichischen Physikers Erwin Schrödinger aus dem Jahr 1935. Wie ist das Experiment aufgebaut?

Schrödinger stellt gedanklich eine Katze in eine verschlossene Box zusammen mit einem radioaktiven Atom, einem Geigerzähler, einem Hammer und einem tödlichen Giftgas.
Wenn das radioaktive Atom zerfällt, wird der Geigerzähler dies erkennen, den Hammer auslösen und das Gift freisetzen, wodurch die Katze stirbt. Der Zerfall eines radioaktiven Atoms kann nach den Gesetzen der Quantenphysik zu einem zufälligen Zeitpunkt geschehen. Laut der Quantentheorie befindet sich das Atom bis zur Messung in einer Superposition von Zuständen, in denen es sowohl zerfallen als auch nicht zerfallen ist. Übertragen auf das Experiment bedeutet diese Überlagerung der Zustände, dass die Katze nach den Regeln der Quantenmechanik gleichzeitig lebendig und tot sein müsste, bis jemand die Box öffnet und den Zustand überprüft.

Welche Künstlerin malte häufig Kätzchen und ein Bild mit dem Titel „The Cat at play"? Wann entstand es?

Henriëtte Ronner-Knip (1821–1909), eine niederländisch-belgische Malerin und Zeichnerin, ist bekannt für ihre Darstellungen von Katzen. „Die spielende Katze", im Stil des Realismus gemalt, entstand vermutlich zwischen 1870 und 1880.

Das ist er nicht, aber so ähnlich sieht der berühmte Kater aus, den wir suchen, nur wesentlicher dicker. Wie lautet sein Name? Wer hat ihn erschaffen? Und was ist sein Lieblingsgericht?

Garfield lautet der Name einer berühmten Comicfigur mit orangefarbenem Fell mit charakteristischen schwarzen Streifen, die seit 1978 in den Comic-Strips des US-amerikanischen Zeichners Jim Davis erscheint.
Der fette, faule, oft sarkastische Kater lebt mit Jon Arbuckle, seinem Besitzer, und Odie, dem Hund, zusammen. Garfields Leibgericht ist Lasagne. Basierend auf der Comicfigur entstand zwischen 1988 und 1994 eine erfolgreiche Zeichentrickserie mit dem Titel „Garfield und seine Freunde“. Ein weiterer Garfield-Film kam 2024 in die Kinos.

Wer ist **Mrs. Norris**? Wie sieht sie aus?
Lebt sie in einem Schloss wie diese Katze?

Mrs. Norris ist eine fiktive Figur, eine magere, struppige Katze mit großen, hervorstehenden gelben Augen. Sie lebt auf Schloss Hogwarts, der Schule für Hexerei und Zauberei in der Harry-Potter-Reihe von J. K. Rowling. Als treue Begleiterin von Argus Filch, dem Hausmeister, patrouilliert sie durch die Schulkorridore und meldet Filch, wenn sie Schüler bei Regelverstößen erwischt.

Wie hieß die berühmteste Katze von Ernest Hemingway? So ähnlich sahen ihre Pfoten aus. Wie war ihr Fell gefärbt?

Der amerikanische Schriftsteller Ernest Hemingway (1899–1961) besaß mehrere Katzen. Eine der berühmtesten hieß **Snowball** (Schneeball) oder **Snow White** (Schneewittchen). Sie hatte sechs Zehen, eine genetische Mutation, die als Polydaktylie bekannt ist. Amerikanische Polydaktyl-Katzen haben einen robusten Körper und ein freundliches Wesen. Oft werden sie als „Hemingway-Katzen" bezeichnet. In seinem Haus auf Key West, Florida, das inzwischen ein Museum ist, leben etwa 60 Nachfahren seiner Katzen.

Welcher amerikanische Schriftsteller, der mit bürgerlichem Namen eigentlich Samuel Langhorne Clemens hieß, war für seine Liebe zu Katzen bekannt? Hier ist er abgebildet. Welchen Namen wählte er für seine Lieblingskatze?

Mark Twain (1835–1910), geboren als Samuel Langhorne Clemens, hielt im Laufe seines Lebens zahlreiche Katzen, deren Unabhängigkeit er besonders schätzte. Seine Briefe und Tagebücher zeigen, wie wichtig die Tiere für ihn waren. Als Katzennamen wählte er „Sour Mash“, „Apollinaris“, „Zoroaster“, „Blatherskite“, „Beelzebub“, „Buffalo Bill“ und „Satan“.
Seine wohl bekannteste Katze war „**Blackie**“. Sie begleitete ihn auf vielen seiner Reisen und wurde sogar in einigen seiner Werke erwähnt. In Twains Kindheitshaus, das heute ein Museum ist, sind Erinnerungsstücke ausgestellt, die Twains Zuneigung zu Katzen dokumentieren. Von ihm stammt der Spruch: „Wenn der Mensch gekreuzt werden könnte mit der Katze, würde es den Menschen verbessern, aber die Katze verschlechtern.“

Welcher amerikanische Schriftsteller ließ beim Schreiben häufig eine Katze auf sich sitzen? Wie hieß sie? Tauchen Katzen auch in seinen Werken auf?

Der berühmte amerikanische Schriftsteller und Dichter **Edgar Allan Poe** (1809–1849) besaß eine Katze namens **Catterina**, die ihm und seiner Frau Virginia Clemm viel bedeutete. Sie durfte sogar auf seiner Schulter sitzen, während er schrieb.
In seinen Briefen und Geschichten erwähnt Poe oft Katzen und zeigt eine deutliche Zuneigung zu ihnen.
In seiner Kurzgeschichte „Der schwarze Kater" („The Black Cat") aus dem Jahr 1843 erzählt er von einem alkoholabhängigen Mann, der seinen geliebten schwarzen Kater misshandelt und aus Wut schließlich tötet. Das tot geglaubte Tier taucht jedoch auf mysteriöse Weise wieder auf. Der Kater symbolisiert in dieser Geschichte das schlechte Gewissen und die Schuld des Erzählers und personifiziert seine innere Qual.
Poe selbst war auch alkoholabhängig. Am 3. Oktober 1849 wurde er in einem verwirrten Zustand in Baltimore gefunden und starb wenige Tage später. Als Todesursache wird Alkoholismus vermutet, es gibt aber auch Hinweise auf eine Tollwutinfektion.

Welcher berühmte Mathematiker und Physiker gilt als der Erfinder der Katzenklappe?

A Werner Heisenberg
B Isaac Newton
C Richard Feynman

Isaac Newton (1642–1727) gilt als der Erfinder der Katzenklappe. Beim Experimentieren soll er oft von seiner Katze gestört worden sein, da sie ständig ein- und ausgehen wollte. Um dieses Problem zu lösen, soll er eine kleine Tür in seiner Tür installiert haben, die die Katze selbstständig benutzen konnte. Für diese Anekdote gibt es allerdings keinen historischen Beleg.

Welche Pop- und Countrysängerin besitzt zwei Schottische Faltohrkatzen (Scottish Fold), die ähnlich aussehen, wie auf dem Bild rechts abgebildet, und eine „Ragdoll"? Wie heißen diese Katzen? Und wie reich sind sie?

Taylor Swift (geb. 1989) besitzt mehrere Katzen, die oft in Social-Media-Beiträgen, in Interviews und Musikvideos auftauchen. Eine Faltohrkatze heißt **Meredith Grey**, benannt nach der Hauptfigur Dr. Meredith Grey aus der TV-Serie „Grey's Anatomy", die andere **Olivia Benson** wie die Hauptfigur aus der TV-Serie „Law & Order: Special Victims Unit". Olivia Benson hat ein geschätztes Vermögen von rund 97 Millionen US-Dollar. Es stammt hauptsächlich aus Werbeverträgen und Auftritten in Musikvideos und sozialen Medien. Swifts dritte Katze, eine Ragdoll, heißt **Benjamin Button**, benannt nach der Titelfigur des gleichnamigen Films.

Im Eingang des Modegeschäfts des Designers Karl Lagerfeld steht eine Silberfigur, die ihn mit seiner Katze zeigt. Wie heißt das Tier und welche Farbe hat sein Fell in natura?

Die Katze des berühmten Modeschöpfers Karl Lagerfeld (1933–2019) heißt **Choupette**. Choupette ist eine weiße Birma-Katze mit blauen Augen. Sie war bereits zu Lagerfelds Lebzeiten eine Berühmtheit. Lagerfeld soll Vorkehrungen für ihr Wohlergehen nach seinem Tod getroffen haben. Ob und wie viel sie geerbt hat, ist nicht bekannt. Doch schon zu Lebzeiten ihres Halters verfügte sie über ein Vermögen von mehr als drei Millionen Euro aus Werbeverträgen. Zwei Zofen und ein Leibkoch sollen für sie gesorgt haben.

Wie heißt die berühmte Katze, die 2011 in den Amtssitz David Camerons einzog? Hat jeder britische Premier eine Katze? Welche Aufgabe hat sie?

Nicht jeder britische Premierminister besitzt eine Katze, aber das Amt des „Chief Mouser“ ist eine etablierte Tradition. Das heißt, im Amtssitz des Premierministers in London, in der Downing Street 10, lebt eine Katze, die die Aufgabe hat, Mäuse zu fangen. Eine der bekanntesten Katzen ist **Larry** (siehe Foto auf der Vorderseite). Der Kater kam 2011 während der Amtszeit von David Cameron in die Downing Street 10. Larry blieb unabhängig von den Premierministern im Amtssitz und lebte dort während der Amtszeit mehrerer Premierminister, darunter Theresa May, Boris Johnson und Rishi Sunak. Auch 2024 war er noch im Amt.

Wie lautet der Name einer berühmten Katze, die hier abgebildet ist und für ihr mürrisches Gesicht bekannt war?

Grumpy Cat (2012–2019), eigentlich: Tardar Sauce, war eine Mischlingskatze mit einzigartigem Aussehen. Fotos von ihr gingen 2012 auf verschiedenen Social-Media-Plattformen viral und faszinierten das Internetpublikum. Berühmt wurde sie durch ihre ungewöhnliche Fellfärbung und vor allem durch den scheinbar grummeligen Gesichtsausdruck mit nach unten gezogenen Mundwinkeln. Sie sah aus, als sei sie ständig schlecht gelaunt, und brachte die Menschen dadurch zum Lachen.

Die Besitzer von Grumpy Cat nutzten die Beliebtheit ihrer Katze kommerziell aus. Sie erschien auf Merchandising-Produkten wie T-Shirts oder Tassen, es gab auch ein Plüschtier mit ihrem Aussehen. Grumpy Cat wurde sogar in Fernsehshows und zu öffentlichen Veranstaltungen eingeladen. Vielleicht war ihr der Rummel zu viel. Sie verstarb bereits im Alter von sieben Jahren an den Komplikationen einer Harnwegsinfektion.

Was war das Kennzeichen von **Lil Bub**, einer Hauskatze, die im Internet berühmt wurde? Wann lebte sie?

Lil Bub (2011–2019) war eine beliebte und berühmte Hauskatze, die mehrere genetische Anomalien aufwies. Sie war von kleiner Statur (Zwergwuchs), hatte an jeder ihrer Vorderpfoten sieben und an jeder ihrer Hinterpfoten vier Zehen (Polydaktylie), besaß keine Zähne und einen sogenannten Unterbiss, was zu ihrer charakteristischen herausragenden Zunge führte. Außerdem litt sie unter Osteoporose, was ihre Mobilität beeinträchtigte. Trotz ihres zahnlosen Zustands konnte sie fressen, indem sie weiches Katzenfutter einfach schluckte. In den sozialen Medien wurde sie zu einer der bekanntesten „Internetkatzen". Sie trat im Fernsehen auf, und es gibt sogar einen Dokumentarfilm namens „Lil Bub & Friendz", der 2013 auf dem Tribeca Film Festival Premiere feierte und den Publikumspreis gewann. Der Besitzer von Lil Bub nutzte die Popularität seiner Katze, um Spenden für wohltätige Zwecke zu sammeln. Im Laufe der Jahre gingen Hunderttausende von Dollar an Tierschutzorganisationen. Der „Lil BUB's Big FUND for the ASPCA" kommt Tieren mit besonderen Bedürfnissen zugute.

Welche auffallende Fell- und Augenfärbung hat eine Katze, die durch TikTok, Instagram und Videos auf YouTube bekannt wurde?

A Weiß, zwei grüne Augen
B Grau, zwei blaue Augen
C Grau-orange, ein blaues und ein bernsteinfarbenes Auge
D Schwarz, ein grünes, ein blaues Auge

Nach welchem Spiel ist sie benannt?

C ist richtig. Die linke Gesichtshälfte und das rechte Vorderbein der Katze sind grau, die rechte Gesichtshälfte und das linke Vorderbein orange. Das rechte Auge ist bernsteinfarben, das linke blau. Die Katze mit der außergewöhnlichen Färbung heißt **Queen Domiino**.
Sie ist vermutlich benannt nach dem Legespiel **Queendomino**, das 2017 vom französischen Spieleautor Bruno Cathala entworfen wurde.

Welche Therapiekatze erlangte in den USA Berühmtheit? Wie hieß sie? Und was sind Therapiekatzen eigentlich?

Therapiekatzen werden eingesetzt, um Menschen in Pflegeheimen, Krankenhäusern und Rehabilitationszentren zu beruhigen und emotional zu stabilisieren.

Oscar lebte im Steere House Nursing and Rehabilitation Center, einem Pflegeheim in Providence, Rhode Island, und wurde durch seine außergewöhnliche Fähigkeit bekannt, den bevorstehenden Tod von Patienten zu spüren. Oscar legte sich regelmäßig zu den sterbenden Patienten und kuschelte mit ihnen bis zu deren Lebensende. Bis zu 100 Menschen soll er beim Sterben begleitet haben. Eine wissenschaftliche Erklärung für Oscars Verhalten gibt es nicht.

Seine Geschichte wurde durch den Arzt David Dosa bekannt gemacht, der in einem Artikel im „New England Journal of Medicine" über Oscar schrieb. Später veröffentlichte er ein Buch mit dem Titel „Making Rounds with Oscar: The Extraordinary Gift of an Ordinary Cat".